BEI GRIN MACHT SICH IHR WISSEN BEZAHLT

- Wir veröffentlichen Ihre Hausarbeit,
  Bachelor- und Masterarbeit

- Ihr eigenes eBook und Buch -
  weltweit in allen wichtigen Shops

- Verdienen Sie an jedem Verkauf

Jetzt bei www.GRIN.com hochladen und kostenlos publizieren

Bibliografische Information der Deutschen Nationalbibliothek:

Die Deutsche Bibliothek verzeichnet diese Publikation in der Deutschen National-
bibliografie; detaillierte bibliografische Daten sind im Internet über http://dnb.d-
nb.de/ abrufbar.

Impressum:

Copyright © 2000 GRIN Verlag, Open Publishing GmbH
Druck und Bindung: Books on Demand GmbH, Norderstedt Germany
ISBN: 9783656263555

Thomas Mulfinger

Motivation von Mitarbeitern. Motivationstheorien

GRIN Verlag

GRIN - Your knowledge has value

Der GRIN Verlag publiziert seit 1998 wissenschaftliche Arbeiten von Studenten, Hochschullehrern und anderen Akademikern als eBook und gedrucktes Buch. Die Verlagswebsite www.grin.com ist die ideale Plattform zur Veröffentlichung von Hausarbeiten, Abschlussarbeiten, wissenschaftlichen Aufsätzen, Dissertationen und Fachbüchern.

Besuchen Sie uns im Internet:

http://www.grin.com/

http://www.facebook.com/grincom

http://www.twitter.com/grin_com

Grundseminararbeit

Die Motivation von Mitarbeitern

Motivationstheorien

bearbeitet von:

Thomas Mulfinger

Fachhochschule Nürtingen

Fachbereich Betriebswirtschaftslehre

Sommersemester 2000

Fachhochschule Nürtingen

Inhaltsverzeichnis

1   Einleitung

Wie motiviert man seine Mitarbeiter? Diese Frage stellt man sich nicht erst in neuerer
Zeit, Motivationsforschung gibt es schon sehr viel länger.

Bedeutende Motivationstheorien, die auch heutzutage noch Diskussionsgrundlage sind,
entstanden in den vierziger Jahren. So auch die von A. Maslow.

Die Frage nach der Motivation von Mitarbeitern ist eine Frage nach dem Warum, die
sich zu einer Frage nach dem „Wie kann ich einen Mitarbeiter motivieren" wandelt.

Werner Sombart stellte sich 1913 die Frage:

„Wie ist dieses möglich: daß gesunde und meist vortreffliche, überdurchschnittlich
begabte Menschen so etwas wie wirtschaftliche Tätlichkeit wollen können, nicht nur als
eine Pflicht, nicht nur als notwendiges Übel, sondern weil Sie sie lieben, weil Sie sich
ihr mit Herz und Geist, mit Körper und Seele ergeben haben ?" [1]

Führungskräfte stellen sich heute ähnliche Fragen:

♦ Was kann ich tun, damit Mitarbeiter Verantwortung übernehmen ?

♦ Wie setz ich das Potential meiner Mitarbeiter frei ?

♦ Wie schaffe ich ein Unternehmen in das die Mitarbeiter morgens gerne kommen ?

Prinzipiell ist der Mensch von sich aus motiviert. Motivation ist für ihn ein Status der
Person. [2]

Menschen werden auf verschiedene Arten motiviert, es ist möglich ihre Motivation von
außen zu steuern und anzuregen. In dieser Arbeit soll versucht werden die klassischen
Motivationstheorien zu erklären und Wege aufzuzeigen wie Mitarbeiter motiviert
werden können.

---

[1] R.K. Sprenger (1994), Das Prinzip Selbstverantwortung

[2] Heidack/Brinkmann, Unternehmenssicherung durch Ideenmanagement

2   Begriffsdefinitionen

2.1   Motiv

Motiv *Psychologie:* svw. Bestimmungsgrund des menschl. (und tier.) Verhaltens.[1]

Motive sind die Beweggründe menschlichen Verhaltens. Es ist der Selbstbeobachtung oder der Fremdbeobachtung nicht zugänglich, was bedeutet, daß Verhaltensweisen von Menschen durch bestimmte Methoden erfaßt werden. Als Motiv bezeichnet man auch die Verhaltensbereitschaft eines Mitarbeiters und dient zur Erklärung dessen, was sich der Mensch wünscht oder anders gesagt, was als sein Bedürfnis, Streben und Drang bezeichnet wird.

2.2   Motivation

Motivation [lat.], die Summe jener Beweggründe, die bestimmten Verhaltensweisen oder Handlungen vorausgehen und sie leitend beeinflussen.[1]

Durch Motivation wird Verhalten ausgelöst, Motivation ist die Ursache von willkürlichem und unwillkürlichen Verhalten. Wird das Menschliche Verhalten bewußt oder unbewußt beeinflußt, spricht man ebenfalls von Motivation.

2.3   Motivatoren

Laut Herzbergs Analyse der Auslösefaktoren der Motivation, ist nur eine kleine Anzahl der Faktoren für eine erhöhte Arbeitszufriedenheit verantwortlich.
Herzberg faßt diese Faktoren (Selbstbestätigung, Anerkennung, Aufgabe, Verantwortung, Beförderung) unter dem Begriff „Motivatoren" zusammen.[2]

---

[1] Mayers Lexikon in 12 Bänden (1996)

[2] F. Herzberg (1959), The Motivation to work

3 Motivationstheorien

3.1 Die Bedürfnishierarchie von A. Maslow

Ein großer Teil der Motivationstheorien basiert auf der Einteilung der einzelnen Bedürfnisse in verschiedene Kategorien. Diese Bedürfnishierarchien wurden von vielen Wissenschaftlern verwendet. Maslow baute seine dynamische Motivationstheorie als Bedürfnispyramide auf.

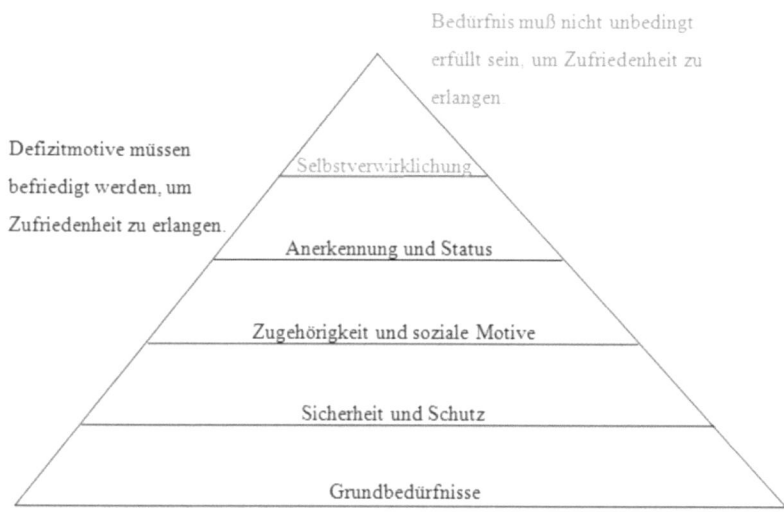

Abbildung 1: Maslowsche Bedürfnisspyramide

3.1.1 Die Motive der Theorie nach A. Maslow

Bei der Bedürfnisspyramide nach Maslow ist zu beachten, daß die Bedürfnisse der vorhergehenden Stufe befriedigt sein müssen, damit die Bedürfnisse der nächst höheren Stufe überhaupt erst Bedeutung erlangen.

Die Grundbedürfnisse sind die unterste Motivklasse und zugleich die Mächtigste. Im Arbeitsleben würde man jemanden der einen Arbeitsplatz annimmt, nur um überleben zu können, als jemand bezeichnen, der seine Grundbedürfnisse stillen muß. Erst wenn diese Grundbedürfnisse gestillt sind werden die Sicherheits- und Schutzbedürfnisse verhaltensbestimmend.

Zu den Sicherheits- und Schutzbedürfnissen gehört auch die soziale Sicherheit. Der Arbeiter im Arbeitsleben würde nach dem seine Grundbedürfnisse gestillt sind, eine Sozial sichere Stellung suchen. Der Mensch der auf diesem Bedürfnisniveau angekommen ist, wird eine hierarchische Organisation im Betrieb einer demokratischen vorziehen, er braucht die Sicherheit von festen Strukturen.

Die nächst höhere Motivgruppe ist die der sozialen Motive. Hierunter verstand Maslow die Beziehungen im sozialen Umfeld und die Einbindung in dieses. Man achtet auf kollegiale Zusammenarbeit, nachdem der Wunsch nach sozialer Sicherheit erfüllt ist.

Die Motive Anerkennung und Status stehen bei den Defizitmotiven an oberster Stelle. Bei dieser Art der Berufswahl, nachdem die unteren Defizitmotive schon befriedigt sind, würde auf das Prestige der Arbeitsstelle wertgelegt.

An oberster Stelle der Bedürfnisspyramide seht die Selbstverwirklichung, die nach Maslow die zentrale Stellung ein nimmt. Die Selbstverwirklichung stellt nach Maslow die Erfüllung des Menschen selbst dar.

Dies entspricht einem Menschen, der genau die Arbeit ausführt die seinem Wesen entspricht, und der somit allein aus seiner Arbeit Befriedigung erzielt.

Laut Maslow wäre dies ein Maler oder ein Musiker.

3.1.2 Die Bedeutung der Theorie nach A. Maslow

Die Ergebnisse von A. Maslow gewannen große Bedeutung in der Arbeitswelt.

Man leitete schon damals daraus ab, wie das Arbeitsverhalten und vor allem die Arbeitsleistung der Mitarbeiter günstig zu beeinflussen ist. Durch die Befriedigung der Bedürfnisse der Mitarbeiter, aber auch durch die Erkenntnisse des Motivs der Selbstverwirklichung wurde die Arbeit und die Arbeitsbedingungen umgestaltet.

Als Beispiel können hier Sozialleistungen, Förderungen des Betriebsklimas und Schaffung von Freiräumen für Mitarbeiter genannt werden.

3.2   Die Motivationstheorie von F. Herzberg

3.2.1 Die Faktoren der Herzbergschen Theorie

1959 entwickelte Herzberg seine Zwei-Faktoren-Theorie, wobei Theorie eigentlich das falsche Wort ist, denn sie resultiert aus empirischen Untersuchungen und wurde statistisch abgesichert. Die Herzbergsche Theorie nimmt hier also eine Schlüsselstellung ein.[1]

Die Herzbergsche Theorie entstand aus einer Befragung von einer Gruppe von 203 Betriebswirten und Ingenieuren, die nach seiner Ansicht die reichhaltigsten und umfassensten Aussagen machen konnten. Auch konnte dadurch ein entsprechend größere Skala von Motivationsfaktoren erhalten werden.[1]

F. Herzberg baut seine Theorie auf Arbeitsmotivation, Arbeitszufriedenheit und Arbeitsunzufriedenheit auf. Er unterscheidet zwischen Motivatoren, auch Satisfiers genannt und Hygienefaktoren, auch Disatisfiers genannt. Satisfiers sind mit der Arbeit selbst verbunden, fallen sie positiv aus, bewirken sie eine Leistungsmotivation. Die Disatisfiers oder Hygienefaktoren sind mit der Arbeitsumgebung verbunden, sie können Krankheit verhindern aber keine echte Gesundheit entstehen lassen.

Hygienefaktoren werden als Sicherung eingesetzt, damit die Mitarbeiter nicht nachlässig arbeiten, sie können die Mitarbeiter aber nicht dazu bewegen, das notwendige Engagement für die Firma auf zu bringen, dies können nur Motivatoren. Die Hygienefaktoren sind also Voraussetzung für eine Motivation der Mitarbeiter durch Motivatoren, ähnlich der Maslowschen Bedürfnispyramide, bei der auch alle Defizitmotive erfüllt sein müssen.[1]

Motivatoren:

♦ Leistung

♦ Anerkennung für die Leistung

♦ äußere Arbeitsbedingungen

♦ Verantwortung

♦ Weiterentwicklungsmöglichkeiten bzw. Aufstiegschancen

---

[1] F. Herzberg (1968), Work and the nature of man

[1] U. Stopp (1992), Praktische Betriebspsychologie

Hygienefaktoren:

♦ Führungsstil

♦ Unternehmenspolitik

♦ Äußere Arbeitsbedingungen

♦ Beziehungen zu den Vorgesetzten

♦ Beziehungen zu den Kollegen

♦ Gehalt

♦ Arbeitssicherheit, Kriesensicherheit des Arbeitsplatzes

3.2.2 Die Bedeutung der Herzbergschen Theorie

Herzberg hat mit seiner Theorie die Kompatibilität zwischen den Vorstellungen der Industriewelt und den Menschlichen Bedürfnissen geschaffen, und somit eine Grundlage für die Arbeitsstrukturierung gelegt.

Die Arbeitsstrukturierung konnte so ausgelegt werden, daß die Wirkungen der positiven Seiten der Motivation beachtet und angewandt werden konnten.

4 Arten der Motivation

4.1 Grundlagen der Motivation

Grundlagen für die Bildung eines Motivs ist ein Bedürfnis.

Über einen Anreiz wird dieses Motiv aktiviert, dem folgt ein Verhalten um das Bedürfnis zu befriedigen.

In der folgenden Abbildung werden diese Zusammenhänge graphisch dargestellt.

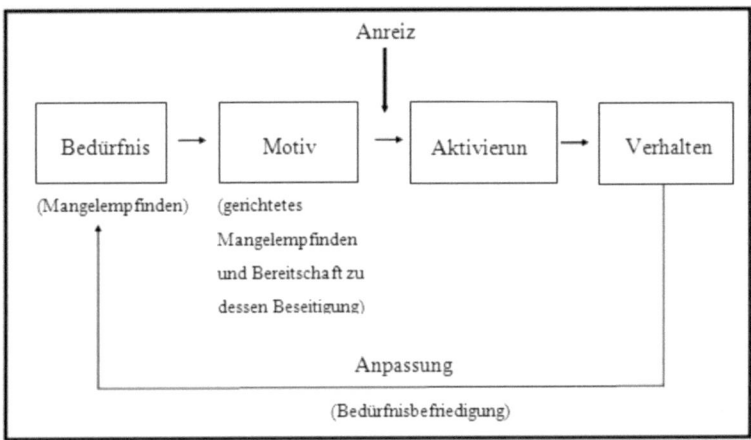

Abbildung 2: Der Motivationsprozess[1]

Bei der Motivation unterscheidet man zwei Arten:

♦ Extrinische Motivation

Die Folgen der Bedürfnisbefriedigung liegen außerhalb der Person.

Leistung um Anerkennung zu erlangen.

♦ Intrinische Motivation

Die Belohnung liegt in der Motivation selbst.

Leistungserbringung aus Stolz an der Leistung.

---

[1] H. Jung (1994), Allgemeine Betriebswirtschaftslehre

4.2 Motivspektrum

Leistungs-/Erfolgsmotiv
Teilhabe an:
♦ Leistung
♦ Fortschritt
Anspruchsniveau der
Aufgabenstellung

Selbstaktualisierungsmotiv
Selbstentfaltung
Selbstverwirklichung
Autonomie
Wachstum
Bestätigung des Selbstwertgefühls

Kontaktmotiv
Integration in soziale Umgebung
Kommunikation
emotionale Wärme

Individuelles Motivspektrum

Status/Prestigemotiv
Externe/Interne
♦ Achtung
♦ Anerkennung
♦ Wertschätzung
Differenzierung
Aufstieg

Sicherheitsmotiv
Sicherheit vor Existenzgefährdung
Kenntnis des eigenen Standorts
Kenntnis fremder Bewertung der
eigenen Person

Geldmotiv
Einkommen
Einkommens-
-angemessenheit
-gerechtigkeit
Geldakkumulation

Kompetenz/Fähigkeitsmotiv
Macht/Einfluß
Gestaltung der Umwelt
Zuständigkeit
Verantwortung

Abbildung 3: Die wichtigsten Persönlichkeitsmotive und Vermittler ihrer Befriedigung[1]

♦ Motivation durch Information
♦ Motivation durch Sozialleistungen
♦ Motivation durch Organisation

---

[1] M. Richter (1985), Personalführung im Betrieb

4.3 Anreizsystheme zur Motivation

4.3.1 Motivation durch Information

Bei der Motivation durch Information wird versucht, dem Mitarbeiter eine Identifizierung mit seiner betrieblichen Aufgabe zu vermitteln. Durch Übermittlung von Informationen, die auch über seinen Arbeitsbereich hinaus gehen, kann der Mitarbeiter ganzheitlich im Unternehmen Mitdenken und handeln. Er wird so an dem Erfolg des gesamten Unternehmens Mitbeteiligen, sein Selbstwertgefühl steigt, es erfolgt eine intrinische und extrinische Motivation.

In Großunternehmen gestaltet sich diese Informationsverbreitung teilweise als sehr schwierig, wobei hier auf Informationen innerhalb der Fachabteilungen Augenmerk gelegt werden muß.

4.3.2 Motivation durch Sozialleistungen

Motivation durch Sozialleistungen sind in Deutschland teilweise gesetzlich verankert, was sich aus Mißständen in der ersten Hälfte des 19. Jahrhunderts entwickelte. Diese gesetzlich verankerten Sozialleistungen können nur wenig zur Motivation beitragen, jeder Arbeitnehmer bekommt diese automatisch. Motivierende Sozialleistungen können solche sein, die materielle Bedürfnisse erfüllen, aber auch diejenigen, die gehobene Bedürfnisse befriedigen, wie z.B. ein Firmeninterner Kindergarten. Nachstehend, einige Beispiele betrieblicher Sozialleistungen:

♦ Sondergratifikationen
♦ Urlaubsgeld
♦ Werkswohnungen
♦ Betriebliche Altersvorsorge
♦ Fahrgeldzuschüße

4.3.3 Motivation durch Organisation

Bei der Organisation der Arbeit hängt das Arbeitsergebnis des Mitarbeiters im wesentlichen davon ab, ob es dem Betrieb gelingt, den Mitarbeiter entsprechend seiner Eigenschaften und Fähigkeiten einzusetzen. Gelingt dies, steigt die Motivation.

Durch den Ausbau seiner Fähigkeiten erreicht der Mitarbeiter eine fachliche Kompetenz, werden im Laufe dieser Entwicklung nicht ebenfalls die Aufgabenstellungen und Ziele der Arbeit gesteigert, kann es zu einer Monotonie der Arbeit kommen, und die Motivation sinkt. Das Anspruchsniveau der Aufgabenstellung sollte also mit dem Mitarbeiter wachsen, nur so kann er am Fortschritt und der Leistungsfähigkeit der Firma mitbeteiligt werden. Seine Zuständigkeiten und seine Verantwortungen steigen, was wiederum eine Motivation des Mitarbeiters zur Folge hat. Einige Maßnahmen zur Arbeitsorganisation als Beispiel:

♦ Job Rotation (gezielter Arbeitsplatzwechsel zur Auflösung von Monotonie)

♦ Job Enlargement (Arbeitserweiterung, Zuordnung weiterer Tätigkeiten)[1]

♦ Job Enrichement (Arbeitsbereicherung, Erweiterung des Tätigkeitsfeldes)

♦ Autonome Arbeitsgruppen (Erhöhung der Selbstverwirklichung und Sebstentfaltung)[2]

5   Zusammenfassung

In dieser Arbeit wurden zwei klassische Motivationstheorien und verschiedene Arten der Motivation dargestellt. Die Möglichkeiten der Motivation eines Mitarbeiters scheinen für ein Unternehmen unendlich groß zu sein, durch diese Arbeit ist zu erkennen, daß Motivation einzelner Mitarbeiter eine genaue Kenntnis der Bedürfnisse des jeweiligen Mitarbeiters voraussetzt. Motivation sollte nicht mit Manipulation verwechselt werden, Motivation ist die Fähigkeit einen Menschen dazu zu bringen, was man will, indem der Mitarbeiter es selbst will.[1]

Motivation bedeutet die Bedürfnisse eines Menschen zu erkennen, und durch Anreize sein Verhalten nach seinen Bedürfnissen zu richten, und dies in einem kontinuierlichen Kreislauf.

---

[1] W. Wittmann/W. Kern/R.Köhler/H.U. Küpper/K.Wysocki (1993), Handwörterbuch der Betriebswirtschaft

[2] H. Albach/T. Gabelin (1977), Mitarbeiterführung

[1] R.K. Sprenger (1992), Mythos Motivation

6 Literaturverzeichnis

Albach, H./Gabelin,T.	Mitarbeiterführung Gabler Verlag Wiesbaden 1977
Heidack/Brinkmann:	Unternehmenssicherung durch Ideenmanagement „Mehr Erfolg durch Motivation, Teamarbeit und Qualität." Rudolf Haufe Verlag Freiburg 1987
Herzberg, F.	The Motivation to work, New York 1959
Herzberg, F.	Work and the nature of man, London 1968
Jung, H.	Allgemeine Betriebswirtschaftslehre Oldenbourg Verlag München 1993
Küpper, H.U./Wysocki, K.	Schäfer Poeschel Verlag Stuttgart 1994
Mayers Lexikon in 12 Bänden	1996
Richter, M.	Personalführung im Betrieb Carl Hansen Verlag München 1985
Sprenger, Reinhard K.:	Das Prinzip Selbstverantwortung Wege zur Motivation Campus Verlag Frankfurt 1996
Sprenger, R.K.	Mythos Motivation Wege aus einer Sackgasse Campus Verlag Frankfurt 1992
Stopp, Udo	Praktische Betriebspsychologie „Probleme und Lösungen", Expert Verlag Ehningen 1992
Wittmann, W./Kern, W./Köhler,R.	Handwörterbuch der Betriebswirtschaft

BEI GRIN MACHT SICH IHR WISSEN BEZAHLT

- Wir veröffentlichen Ihre Hausarbeit,
  Bachelor- und Masterarbeit

- Ihr eigenes eBook und Buch -
  weltweit in allen wichtigen Shops

- Verdienen Sie an jedem Verkauf

Jetzt bei www.GRIN.com hochladen
und kostenlos publizieren